Schöner schnurren

Survivaltricks von Katzen

für Herrchen und Frauchen

Text Claire Gaudin
Illustration Christian Gaudin
Aus dem Französischen von Elmar Tannert

Reichel Verlag

Für Shiki und Mirka
die nicht mehr unter den Katzen weilen

In zärtlicher Zuneigung unseren Eltern Guy und Alice Gaudin gewidmet.
In Verehrung für unsere Vorfahren der Familien Gaudin, Joyeux, Drutel,
Pierre, Daugeard, Plais, Brunet-Levy, Royer;
und für Rémy und Colette Chaloin.
Dank an unseren Bruder Jean-Marc und an Teddy für ihre guten Ratschläge.

„Ich habe die Philosophen und die Katzen studiert, doch die Weisheit der Katzen ist bei weitem größer."
Hippolyte Taine, Philosoph und Freigeist
(1828-1893)

„*In Ruhe sitzen, dem Nichtstun hingegeben.
Kommt der Frühling, wächst das Gras von selbst.*"
Kat-Zen-Weisheit

DIE LEBENSART DER KATZEN

Jeden Tag leben wir Katzen geruhsam an eurer Seite und wissen genau, dass euer Leben immer beschwerlicher wird.
Aber selbst in Stress und Strapazen kann man sich fit und gesund fühlen - man muss sich nur die Lebensart der Katzen aneignen!

Sie besteht vor allem aus der Suche nach Wohlbefinden, in Entspannung und Schnurrtherapie. Nur fünf Minuten Entspannung, bewusste Atmung oder Selbstmassage, und der Weg zum Glück steht euch offen!

In diesem kleinen Leitfaden lernt ihr einige ganz einfache Methoden kennen, die euch helfen, gut durch den Tag zu kommen.

Nehmt euch ein wenig Zeit dafür, ihr Zweifüßer!

„Alle Menschen besitzen eine Uhr, aber Zeit haben sie nie."
Katzensprichwort

INHALTSVERZEICHNIS

7 **DIE LEBENSART DER KATZEN**
10 **DER MORGEN**
11 **Das Erwachen**
   Der Bauch, unser zweites Gehirn
12 **Das energetische Power-Frühstück**
13 **Der Start in einen gelungenen Tag**
   Fußmeditation
   Auf dem Sitzplatz im öffentlichen Nahverkehr
14 **Herumhängen mit Absicht**
15 **Auf dem Stehplatz im öffentlichen Nahverkehr**
   Der Bauch als Anker
   Die Wiese in der Tasche

16 **TAGSÜBER: ZUHAUSE UND IN DER ARBEIT**
17 **Konzentrieren und loslassen zugleich**
   Ein paar Sekunden Stille
18 **Jeden Tag eine bewusste Tat**
   Eine luftige Minute
19 **Wie man im Lauf des Tages zur Ruhe kommt**
   Die Stoffpuppe
   Das Hummelsummen
20 **Die drei Affen**
   Minutensiesta
21 **Wie wär's mit einer Portion frischer Luft?**
22 **Expressmassage**
   Die Ohren
   Ohrmuschelmassage
23 **Massage im Innern der Ohrmuschel**
24 **Der Schädel**
25 **Die Hände**
   Massage der Finger
   Massage der Handflächen
   Massage des Handrückens

26 Drei Ji-Jiu-Wohlfühlpunkte
Der Gedankenpunkt
Der Energiepunkt
Der Friedenspunkt
27 **Wie man in Harmonie mit den neuen Technologien lebt**
Der Computer
Die Augen
Die Augenmassage
28 Die Kokosnussschale
Die kleine Augensauna
29 Die magische Acht
Zwischen den Zeilen lesen
30 Der Hals
Der wiehernde Esel
Der trinkende Reiher
Der balancierende Elefant
31 Die erwachende Eule
Das Telefon
Mit dem Herzen hören

32 **DER ABEND**
33 **Tipps zum Ausspannen**
Feierabend
Das Rollbällchen
34 Flohhüpfen mit den Zehen
Zehentanz
35 Die Entspannung
36 Entspannung zwischen Himmel und Erde
Die Schwerkraft spüren
38 Die Leichtigkeit spüren
40 **Der erquickende Schlaf**
41 Tipps für guten Schlaf
Vor dem Schlafengehen
Körperpunkte gegen Schlaflosigkeit
42 Tipps zum Wiedereinschlafen
Körperpunkte gegen Schlaflosigkeit
Atmen
43 Gebt dem Magen etwas zu tun
44 Der Traumpalast
45 Hört die Katze schnurren
46 Unser Geheimnis

DER MORGEN

UNENTBEHRLICHE TRICKS FÜR EINEN ANGENEHMEN TAG.
„Mit der rechten Pfote aufstehen."

„*Gib deinem Leib Wohlbefinden, damit deine Seele mit Freude in ihm wohnt.*"
Indisches Sprichwort

DAS ERWACHEN

Wie wunderbar der süße Schlummer ist, zusammengerollt in der Decke! Um diesen herrlichen Moment auszukosten, springen wir nie mit einem Satz aus dem Bett. Ganz im Gegenteil! Wir dehnen und strecken uns ein paar Mal und gähnen dabei herzhaft. Dann laben wir uns an einem großen Glas gut temperierten Wassers, um unseren Flüssigkeitshaushalt aufzufüllen und alle Giftstoffe aus dem Körper zu spülen.

Ist es schon Zeit, sich zu erheben? Auf der Seite liegend, mit angewinkelten Beinen entrollen wir, beginnend beim Kopf, den Rücken. Die Arme helfen mit, und schon sitzen wir aufrecht, ganz mühelos. Dieser sanfte Bewegungsablauf ist sehr wohltuend für Nacken und Wirbelsäule. Vor dem offenen Fenster strecken wir uns von Neuem und atmen dabei tief ein und aus. Hat man kein Fell, ist das heikel – am besten streift ihr euch etwas über, um keine Gänsehaut zu bekommen!

DER BAUCH, UNSER ZWEITES GEHIRN

Gibt es etwas Banaleres als zu atmen? Und dennoch, eine gute Atmung hilft nicht nur, Stress zu bewältigen, sondern auch, mit Sorgen und Ängsten fertigzuwerden, die uns Bauchgrimmen bereiten.
Eine gute Atmung steigert die körperliche und energetische Leistung des Körpers und ist darüberhinaus eine natürliche Massage für die Eingeweide.

Bei uns Katzen heißen die Gedärme „das zweite Gehirn". Die Gedärme sondern 95 % des Serotonins ab, ein Antidepressivum, das unseren Schlaf, unsere Stimmung, unseren Appetit und unsere Tatkraft regelt. Außerdem ist der Bauch der Sitz unserer Abwehrkräfte.

Früher pflegten die Katzen zu sagen: Wenn man gesund ist, hat man warme Pfoten, einen kühlen Kopf und einen sorgenfreien Bauch.

DAS ENERGETISCHE POWER-FRÜHSTÜCK: LUFT SCHNAPPEN!

Bevor sie sich auf ihr Futter stürzen, legen Katzen erst einmal eine kleine Atempause ein. Das ist unser energetisches Power-Frühstück!
Wollt ihr es auch einmal probieren?
Ausgestreckt auf dem Rücken, die Beine angezogen, bis die Füße den Po berühren, legen wir eine Hand auf den Unterleib, die andere auf den Brustkorb und achten auf unsere Atmung, ohne sie zu beeinflussen. Dann lassen wir die Pfoten locker neben dem Körper ruhen. Wir sind es gewohnt, mit dem Einatmen zu beginnen, wenn wir tief Luft holen wollen – doch wenn man die Lungen gut füllen will, muss man sie zuerst gründlich leermachen.

Stellt euch vor, euer Bauch sei ein aufgeblasener Luftballon: Beginnt mit tiefem Ausatmen, bis eure Lungen ganz leer sind.

Wenn ihr ganz ausgeatmet habt, wartet noch einen kleinen Moment, und atmet erst dann wieder ein. Kostet den Augenblick der Leichtigkeit aus.

Die Einatmung geschieht ganz ohne Druck. Das Hauptgewicht liegt auf der Ausatmung.

Bald werdet ihr atmen können wie eine Katze. Und jetzt habt ihr euch ein wirkliches Frühstück verdient!

DER START IN EINEN GELUNGENEN TAG

FUSSMEDITATION
Beim Gehen werden unsere Knochen mit Mineralien versorgt, während die Füße wie Pumpen arbeiten, die das Blut zum Herzen zurückbefördern. Wir praktizieren eine tägliche „Fußmeditation", indem wir unser ganzes Bewusstsein auf unsere Fußballen und ihren Kontakt zum Erdboden lenken.
Konzentriert euch auf eure Fußsohlen und atmet dabei tief ein und aus. Versucht, euren herumirrenden Gedanken Grenzen zu setzen. Betrachtet eure Umgebung, ohne dabei etwas Bestimmtes zu fixieren.

Nach östlichen Lehren wird der Körper von unterschiedlichen Energieströmen regiert: Von der positiven, stimulierenden Yang-Energie und der negativen, beruhigenden Yin-Energie.

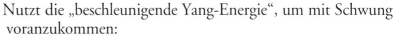

Nutzt die „beschleunigende Yang-Energie", um mit Schwung voranzukommen:
1. Holt tief Luft, bevor ihr losgeht.
2. Setzt beim Ausatmen den ersten Schritt mit dem rechten Fuß und konzentriert euch beim Weitergehen ganz auf den Kontakt zwischen Fuß und Erdboden.

Gelegentlich geraten wir in eine etwas verzwickte Situation - hoch oben in einem Baumwipfel etwa. Was tun wir, um wieder zur Erde zurückzukommen? Wir nutzen die „bremsende Yin-Energie"! Macht es uns nach, wenn ihr treppabwärts geht oder von einem Berg herabsteigt. Atmet aus und verharrt dabei; macht dann beim Einatmen den ersten Schritt mit dem linken Fuß. Setzt euren Weg fort, ohne euch weiter um eure Atmung zu kümmern.

1   2

AUF DEM SITZPLATZ IM ÖFFENTLICHEN NAHVERKEHR

Wir lieben es, aus dem sicheren Versteck unseres Körbchens die Mitreisenden zu mustern.
Oft haben wir den Eindruck, im Land der Morgenmuffel unterwegs zu sein - nur verkniffene Gesichter um uns herum! Dabei muss man nur die Kiefermuskulatur entspannen, und schon glättet sich das ganze Gesicht.

HERUMHÄNGEN MIT ABSICHT
Setzt euch bequem und gerade hin, drückt den unteren Rücken gegen den Sitz und nehmt das Kinn ein wenig zurück.

Schließt die Augen und entspannt eure Kiefermuskulatur: Öffnet den Mund ein wenig und lasst bei halbgeöffneten Lippen den Unterkiefer hängen.

Merkt ihr, wie sich augenblicklich euer Gesicht entspannt?

Stellt euch jetzt eine idyllische Naturszene vor, die eurer Vorliebe entspricht: eine grüne Landschaft, eine sternenklare Nacht, eine blumenübersäte Wiese...

Wenn ihr euch an diese Übung gewöhnt habt, werdet ihr in Sekundenschnelle „mit Absicht herumhängen" können.

AUF DEM STEHPLATZ IM ÖFFENTLICHEN NAHVERKEHR

DER BAUCH ALS ANKER

Wenn wir über die Dächer streifen, hilft uns die Energie des Hara - das ist der körperliche Schwerpunkt. In einem Fahrzeug, das in Bewegung ist, das Gleichgewicht zu halten, macht uns daher kein Problem. Wenn ihr die Gewandtheit einer Katze erreichen wollt, wird euch die folgende kleine Übung viel Vergnügen machen.

Stellt die Füße ein wenig auseinander und konzentriert euch auf den Harapunkt, knapp unterhalb des Nabels gelegen. Atmet tief in den Bauchraum. Bevor ihr wieder ausatmet, zieht euren Damm (den Bereich zwischen Geschlechtsorgan und Anus) kräftig zusammen. Diese Übung tut uns Kätzchen genauso gut wie den Menschenfrauen nach einer Entbindung oder in den Wechseljahren. Wenn ihr ganz konzentriert seid, könnt ihr es schaffen, im Gleichgewicht zu bleiben, ohne euch festzuhalten!

DIE WIESE IN DER TASCHE

Eure beschränkten Sinnesorgane bieten uns immer wieder Anlass zu Späßen. Wenn eine Katze erkältet ist, sagen wir: „Sie hat eine Menschennase".

Für den Fall, dass ihr euch von bestimmten Gerüchen belästigt fühlt, verraten wir euch hier ein Gegenmittel: Steckt euch wohlriechende Pflanzen ein - ein Büschel Heu, ein kleines Säckchen mit Lavendelsamen, einen frischen Thymianzweig oder ein Stück Mandarinenschale, zum Herumspielen oder zum Beschnuppern, ganz nach Lust und Laune!

Wenn ihr gerade nichts davon zur Hand habt, steckt euch ein Taschentuch ein, das mit ein, zwei Tropfen ätherischen Öls getränkt ist: Zitrone, Rosmarin, Lavendel oder Duftgeranie. Mit diesen Ölen muss man allerdings sorgsam umgehen!

TAGSÜBER:
ZUHAUSE UND IN DER ARBEIT

WIE MAN DEN TAG NACH KATZENART GENIESST

Im Lauf des letzten Jahrhunderts hat sich die Welt ziemlich verändert.
Für einige Menschen ist das Leben komfortabler und gesünder geworden, andere wiederum leiden an den Folgen dieser Entwicklung. Vor allem die modernen Technologien können zur Überreizung unserer Augen und Ohren führen, zu Schlaflosigkeit, Stress oder Depressionen. Die ständige Beanspruchung durch die Medien und das Internet führt zu einer Erschöpfung des Gehirns, zu Konzentrationsmangel und „mentalem Zappen". Leider können auch wir die Welt nicht ändern - aber wir können euch einige kleine Tricks beibringen.

„Erst wenn nach einem Feiertag kein Arbeitstag mehr kommt, wird alle Mühsal überwunden sein."
Pierre Dac (frz. Humorist, 1893-1975)

KONZENTRIEREN UND LOSLASSEN ZUGLEICH

Uns kommt es oft so vor, als würde sich eine ganze Horde geschwätziger Mäuse in unserem Schädel herumtreiben. Da nützt es gar nichts, sich die Ohren zuzuhalten! Auch die Menschen leiden an diesem ständigen inneren Stimmengewirr. Die Gedanken werden zum Hintergrundgeräusch im Kopf, der weder Leere noch Stille leiden kann. Wie lässt man nur davon los?
Wir leben zu oft im vergangenen oder im kommenden Augenblick und vergessen darüber den jetzigen Augenblick. Es ist sehr entspannend, das Geschwätz im Kopf für eine Weile zu unterbrechen, und wir verschaffen uns einen großen inneren Frieden.

EIN PAAR SEKUNDEN STILLE

Versucht einmal, den Verstand nur einen Atemzug lang zum Schweigen zu bringen.

Beobachtet die Gedanken, die nacheinander vorüberziehen, und schiebt einen stillen Atemzug ganz sanft zwischen zwei Gedanken. Genießt die Sekunden der Stille. Wenn Frieden in den Geist einkehrt, kann er Aggressionen bewältigen und inneren Abstand gewinnen.

Erfindet eure eigenen „Ruhe-Spiele" - unterbrecht zum Beispiel den inneren Dialog immer dann, wenn ihr eine Tür öffnet, oder wenn ihr ein Glas Wasser trinkt.

Nehmt dann wieder eure Beschäftigung auf.

JEDEN TAG EINE BEWUSSTE TAT

Jede alltägliche Beschäftigung kann man bewusst ausführen, ob Blumen gießen, die Katze bürsten oder Kochen. Wenn ihr - beispielsweise - Gemüse schneidet, denkt dabei an nichts anderes! Entspannt euch, aber achtet genau auf das, was ihr tut - so werden Hausarbeiten zu angenehmen und entspannenden Momenten.

EINE LUFTIGE MINUTE

Versucht, ein Bewusstsein für eure Atmung zu entwickeln, indem ihr einmal pro Stunde eine Minute lang konzentriert atmet. Lenkt eure Aufmerksamkeit auf den Luftstrom und folgt ihm in Gedanken von der Nase in die Lungen, von den Lungen in die Nase. Wenn euer Geist nicht zur Ruhe kommen will, atmet einfach gelassen weiter, ohne euch irritieren zu lassen.

„Das Ideal der Ruhe ist eine sitzende Katze."
Jules Renard (1864-1910)

WIE MAN IM LAUF DES TAGES ZUR RUHE KOMMT

DAS GEHEIMNIS AUGENBLICKLICHER ENTSPANNUNG

Katzen sind Meister der Gelassenheit. Wir finden immer einen Weg, uns zu entspannen, und dies in den ungewöhnlichsten Posen. Wenn wir doch einmal die Nase gestrichen voll haben, machen wir eine der folgenden Übungen. Wollt ihr sie mit uns ausprobieren?

Die Stoffpuppe

Setzt euch auf einen Stuhl, legt die Hände auf die gespreizten Oberschenkel und atmet tief ein.

Beim Ausatmen beugt ihr euch weit vor, bis euer Oberkörper entspannt zwischen euren Beinen ruht.

Richtet euch behutsam wieder auf.

Das Hummelsummen

Haltet euch die Ohren zu und atmet tief ein. Der Mund bleibt geschlossen! Ganz langsam atmet ihr wieder aus und gebt dabei ein kräftiges Summen von euch.

Die drei Affen
Massiert euch vor und hinter den Ohren, lasst dann die Hände auf den Ohren ruhen und schließt Augen und Mund.

Minutensiesta
Schließt die Augen eine Weile und ruft euch einen Moment des Glücks ins Gedächtnis zurück, der vom Gefühl großer Liebe getragen wurde.

Wie wär's mit einer Portion frischer Luft?
Öffnet das Fenster oder geht für ein paar Minuten nach draußen, um etwas anderes zu schnuppern als die abgestandene Zimmerluft.

Macht es wie beim Erwachen: Dehnt und streckt euch und gähnt dabei. Hebt dann die Arme über den Kopf und holt dabei tief Luft.

Haltet einige Augenblicke die Luft an und streckt euch nach oben, so weit ihr könnt.
Atmet wieder aus und senkt die Arme, bis sie entspannt herabhängen.

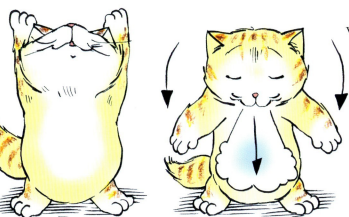

Wiederholt diese Übung sechs Mal.

Und vergesst nicht, euch folgendes auf einem Notizblock zu notieren: „Immer dran denken: Kiefer lockerlassen!"

EXPRESSMASSAGE

KLEINE REFLEXZONENLEHRE

Über den gesamten Leib sind Reflexzonen verteilt, die mit den Knochen, Muskeln und Organen verbunden sind. Die meisten von ihnen wirken auf unsere Extremitäten, also unsere Pfoten, und den Kopf. Eine Massage dieser Zonen wirkt sozusagen aus der Ferne auf den entsprechenden Körperteil.

Wenn bestimmte Druckpunkte schmerzen, kann dies darauf hindeuten, dass man in diesem Bereich gesundheitlich nicht ganz im Gleichgewicht ist. Behandelt diese Stellen mit Vorsicht, massiert sie nicht zu fest, dafür aber regelmäßig.

Diese Massagen sind sehr wirkungsvoll und erfordern nur wenige Minuten. Wenn ihr ganz wenig Zeit habt, kümmert euch hauptsächlich um die Massage der Ohren!

DIE OHREN

Diese wunderschönen Muscheln haben die Reflexzonen des ganzen Körpers in sich. Oh ja, Katzen lieben es, sich die Ohren langziehen zu lassen!

Ohrmuschelmassage

1. Massiert beide Ohren zugleich. Nehmt den äußersten Rand der Ohrmuschel zwischen Daumen und Zeigefinger und zieht sie kräftig nach oben. Beginnt mit dem oberen Teil des Ohres und bewegt euch am Rand entlang bis zum Ohrläppchen hinab.

2. Formt mit den Fingern eine Art Klammer, der Zeigefinger innerhalb der Ohrmuschel, der Daumen außerhalb. Lasst den Daumen unter sanftem Ziehen von der Mitte nach außen gleiten. Fangt beim Ohrläppchen an und arbeitet euch bis zum oberen Rand der Ohrmuschel vor.

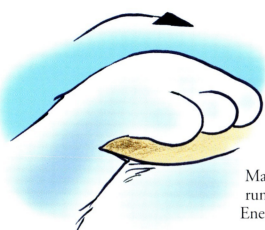

Die Finger bleiben unter Spannung, um auch die Handkante zu verwenden. Legt die kleinen Finger hinter die Ohren und klappt die Ohrmuschel mehrmals in raschen Bewegungen nach vorne.

Massiert mit allen Fingern den Bereich rund um das Ohr - das ist eine wichtige Energiezone.

Massage im Innern der Ohrmuschel

Massiert mit den Zeigefingern sorgsam den gesamten inneren Bereich der Ohrmuschel.

„Das Ohr ist der Weg zum Herzen."
Voltaire (1694-1778)

DER SCHÄDEL

Für uns sind die Haare kein Grund zu Katzenjammer! Erkundet die Schädeldecke mit all eurem Fingerspitzengefühl, befühlt und massiert ihn mit beiden Händen.
Ihr werdet dabei möglicherweise Bereiche ertasten, manchmal sind es kleine Vertiefungen, die auf Druck empfindlich reagieren. In diesen Vertiefungen sammelt sich Energie – bleibt ein wenig an diesen sensiblen Punkten!
Wenn ihr einen Bereich entdeckt, der sehr schmerzempfindlich ist, solltet ihr ihm einmal täglich eine Massage gönnen.

sanfte

Ballt die Hände zur Faust und klopft mit kurzen, schnellen Schlägen die ganze Schädeldecke ab.
Die Handgelenke bleiben dabei ganz locker.

Nehmt zwei Handvoll eurer Kopfhaare und zieht daran – aber nicht, wenn ihr unter Haarausfall leidet!

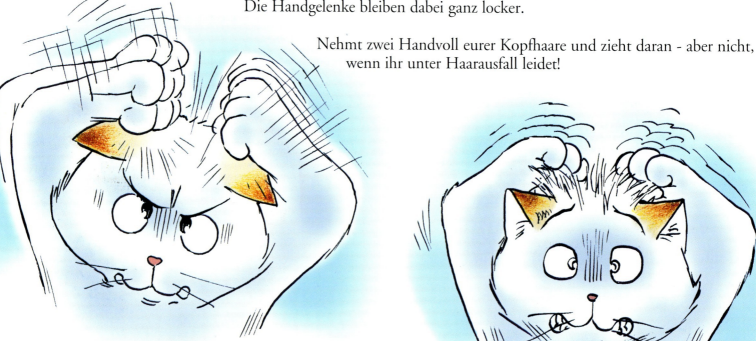

DIE HÄNDE
Massage der Finger
In den Händen und Füßen enden zahlreiche Energiemeridiane. Massiert mit Daumen und Zeigefinger jeden Finger unter leichtem Ziehen in einer spiralförmigen Bewegung von unten nach oben.
Wenn ihr an der Fingerkuppe angekommen seid, drückt sie von allen Seiten.

Massage der Handflächen
Massiert die gesamte Handfläche mit der Daumenkuppe.

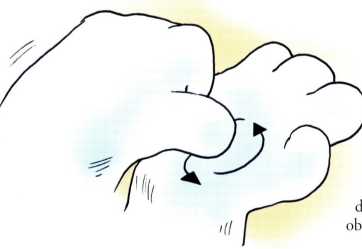

Massage des Handrückens
Massiert mit dem Daumen die Furchen zwischen den Knochen, immer in Richtung des Handgelenks.
Massiert das Zentrum des Handgelenks von oben und von unten.

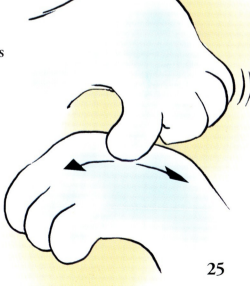

DREI JI-JIU-WOHLFÜHLPUNKTE

Die Akupressur stellt das energetische Gleichgewicht im Körper wieder her und wird von den chinesischen Katzen schon seit Jahrtausenden praktiziert. Durch Druck auf die Haut werden die Energiepunkte der Meridiane stimuliert. Diese Methode wird ji-jiu (chinesisch für „erste Hilfe") genannt. Für werdende Mütter ist sie allerdings nicht geeignet, denn einige Akupressurpunkte sind während der Schwangerschaft tabu.

Der Gedankenpunkt
Er klärt den Geist und lindert Anspannungen in den Augen, im Genick und in der Kehle. Mit den Fingerspitzen massiert ihr in kreisenden Bewegungen den Punkt schräg oberhalb der Augen zwischen Schläfen und Haaransatz.

Der Energiepunkt
Bei Schwächezuständen oder Benommenheit drückt ihr kräftig in die Mitte des Grübchens zwischen Nase und Oberlippe.

Der Friedenspunkt
Dieser Punkt lindert Angstgefühle. Massiert den Bereich des Harapunktes um euren Nabel im Uhrzeigersinn.

WIE MAN IN HARMONIE MIT DEN NEUEN TECHNOLOGIEN LEBT

DER COMPUTER

Die Augen

Die kleinen Tiger, die hoch oben über den Straßen der Stadt unterwegs sind, lieben den Ausblick auf die bläulich schimmernde Silhouette der Dächer und die leuchtenden Wolkenränder. Wenn man wie sie in den weiten Horizont blickt, entspannt man die Augenmuskeln. In der Stadt stößt der Blick unablässig an Gebäude und andere Hindernisse. Richtet euren Blick stets so weit wie möglich in die Ferne, auch wenn ihr durch Großstadtstraßen geht. Wenn ihr stundenlang denselben Gegenstand ins Auge fasst, wie zum Beispiel einen Bildschirm oder beschriebenes Papier, kommt es zu Müdigkeit und zu Sehstörungen. Wir schlagen euch einige Übungen vor, die euch helfen werden, euer Sehvermögen zu verbessern.

Die Augenmassage

Massiert mit dem Druck von einem oder zwei Fingern. Beginnt mit den Augenhöhlen, im Augenwinkel, geht weiter zu den Augenbrauen und massiert sie von innen nach außen, dann den unteren Bogen. Bleibt mit leichtem Druck auf den schmerzhaften Punkten, die sich in den kleinen Höhlungen befinden.

Zum Abschluss macht ihr diagonale Streichbewegungen, wie um Falten zu glätten, in Richtung der Schläfen: zuerst mit der Oberseite der gekrümmten Finger, dann mit den Handflächen. Diese Massagen verbessern das Sehvermögen; nicht umsonst nennen wir die Punkte um die Augen auch „Brillen-Zerbrecher"!

Die Kokosnussschale

Formt mit den Händen zwei undurchlässige Schalen, die Finger dicht an dicht. Legt sie auf eure geschlossenen Augen; die Handflächen stützen sich auf dem Jochbein ab. In dieser Oase der Wärme und Dunkelheit können sich die Augen erholen und regenerieren. Gönnt ihnen eine Minute Ruhe!

Um die Entspannung zu vervollkommnen, stellt euch vor, dass sich strahlendes Weiß im Inneren der Schalen ausbreitet. Die „Kokosnussschale" kann nach Belieben auch den ganzen Tag lang ausgeführt werden!

Die kleine Augensauna

Befeuchtet die Augenlider mit ein wenig Speichel.

Drückt die Handflächen gegeneinander und reibt sie so lange aneinander, bis sie ganz heiß sind.

Lasst jetzt die Handflächen auf den kühlen Augenlidern ruhen, ohne auf die Augäpfel zu drücken.

Insgesamt drei Mal ausführen.

Die magische Acht

Die Augen sind geöffnet. Zeichnet mit curem Blick langsam eine liegende Acht; der Kopf bleibt dabei unbeweglich. Führt diese Übung dreimal in derselben Richtung aus, dann dreimal in der Gegenrichtung.

Schließt die Augen und erholt euch eine kurze Weile.
Diese Übung trainiert sämtliche Augenmuskeln.

Zwischen den Zeilen lesen

Nehmt ein Buch zur Hand und konzentriert euch, während ihr lest, auf die Zeilenzwischenräume. Folgt dabei dem Text, ohne eine Zeile zu überspringen. „Lest" auf diese Weise einmal pro Woche eine Seite.

DER HALS

Lange Sitzungen am Computer führen zu schmerzhaften Verspannungen in den Schultern, im Rücken und vor allem im Nacken. Achtet darauf, dass eure Unterarme auf dem Schreibtisch ruhen, dann sitzt ihr bequemer. Der Hals trägt die gesamten fünf Kilo eures Kopfes und muss ein wenig verwöhnt werden. Hier stellen wir euch eine Folge kleiner Übungen vor, auszuführen im Sitzen, mit geradem Rücken, und jede von ihnen ungefähr zehn Mal.

Der wiehernde Esel

Die Bewegung kommt aus dem Kinn, ohne dass dabei der Kopf gesenkt wird. Beim Einatmen zieht das Kinn den Kopf nach vorne. Beim Ausatmen weicht der Nacken nach hinten zurück. Der Kopf sollte dabei immer auf gleicher Höhe bleiben.

Der trinkende Reiher

Beim Einatmen kippt der Kopf nach hinten, beim Ausatmen senkt sich der Kopf nach vorne. Bei der Bewegung nach hinten nicht übertreiben, damit die Halswirbel keinen Schaden nehmen. Durch diese Übung wird der Nacken sanft gedehnt.

Der balancierende Elefant

Der Kopf beugt sich langsam zur einen, dann zur anderen Seite.
Beim Einatmen neigt sich der Kopf, und das Ohr nähert sich der Schulter; beim Ausatmen geht die Bewegung wieder zurück.

Die erwachende Eule
Dies ist eine Drehbewegung, abwechselnd von links nach rechts und von rechts nach links.
Der Kopf ist gesenkt, das Kinn stützt sich auf den Hals.
Beim Einatmen dreht sich der Kopf langsam von links nach rechts und kehrt in die Mitte zurück.

Beim Ausatmen dreht sich der Kopf langsam nach rechts und beugt sich am Ende des Atemzugs nach unten.
Beim Einatmen dreht sich der Kopf von rechts nach links und kehrt in die Mitte zurück.
Beim Ausatmen dreht sich der Kopf nach links und verbeugt sich am Ende des Atemzugs.

DAS TELEFON

Uns Katzen gefallen andere Kommunikationsmittel viel besser - Gerüche zum Beispiel. Warum die Menschen stets von Hektik befallen werden, sobald das kleine Plastikding klingelt, werden wir nie verstehen. Wir schlagen vor, dass ihr mit der folgenden Übung rangeht:

Mit dem Herzen hören
Nur nichts überstürzen, wenn das Telefon klingelt! Legt ein Lächeln auf die Lippen, bevor ihr den Hörer abhebt. Es entspringt der Mitte des Herzens, strahlt in den ganzen Körper aus und bringt eure Augen zum Leuchten. Euer Lächeln beginnt mit dem ersten Klingeln, wird breiter beim zweiten Klingeln und hellt euer ganzes Gesicht auf. Jetzt seid ihr bereit, ans Telefon zu gehen!

Wenn ihr selbst anrufen müsst, macht es ebenso. Atmet tief und denkt mit einem Lächeln an die Person, mit der ihr telefonieren wollt. „Mit dem Herzen hören" wird euch zu aufmerksameren Gesprächspartnern machen.

DER ABEND

ENTSPANNUNG NACH KATZENART
Fußmassage, Entspannung und nützliche Ratschläge für einen gelungenen Tagesabschluss.

„Nur das Licht hat seinen Ort, die Dunkelheit bleibt außerhalb."
Lao-Tse, chinesischer Philosoph, 6. Jh. v. Chr.

TIPPS ZUM AUSSPANNEN

Feierabend

Ein Moment, den Katzen voll Sehnsucht erwarten, ist, wenn ihre Menschen die Schuhe ablegen und auch für sie die „Zeit der samtenen Pfoten" beginnt! Wir teilen gern mit ihnen das Vergnügen und massieren uns die Pfoten, wenn sie sich die Füße massieren, und verbinden so das Angenehme mit dem Nützlichen. Wir empfehlen euch eine Massage, die an euren Körperbau angepasst ist: das „Rollbällchen". Wenn ihr tagsüber zu „sesshaft" wart, wird diese Massage eure Blutzirkulation wieder in Schwung bringen. Oder seid ihr zu lang auf den Beinen gewesen und habt schmerzende Füße? Das „Rollbällchen" wird euch entspannen und schwere Beine wieder leicht machen.

Das Rollbällchen

Im Fuß sammeln sich, genau wie im Ohr, die Reflexzonen des gesamten Körpers. Besorgt euch einen Ball, nicht zu hart und von fünf bis sechs Zentimetern Durchmesser.

Stellt euch hin, legt euren rechten Fuß auf den Ball und rollt ihn hin und her, vor und zurück; lasst dabei keine Stelle des Fußgewölbes aus. Achtet auf verspannte oder schmerzende Bereiche. Ihr werdet möglicherweise den Eindruck haben, dass sich der Ball unterschiedlich hart anfühlt, je nachdem, wo er euren Fuß gerade berührt - das weist auf latente Verspannungen hin. Massiert diese Bereiche sehr sanft; an den anderen Stellen dürft ihr kräftigeren Druck ausüben. Legt euren großen Zeh auf den Ball und rollt darauf den Fuß bis zur Ferse ab, bewegt euch dabei entlang der Innenkante des Fußes (das ist die Reflexzone der Wirbelsäule). Macht es ebenso mit der Außenkante. Wenn euer linkes Bein müde wird, haltet eine Weile inne und hebt das linke Bein ein wenig an, mit angewinkeltem Knie. Schüttelt den Fuß und das Bein mehrere Male aus.
Bevor ihr den linken Fuß massiert, geht einige Schritte und achtet darauf, wie eure Beine sich anfühlen.

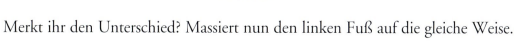

Merkt ihr den Unterschied? Massiert nun den linken Fuß auf die gleiche Weise.

Flohhüpfen mit den Zehen
Ihr steht mit Fußsohle, Ferse und Zehen auf dem Boden. Plaziert einen kleinen Ball von zwei bis drei Zentimetern Durchmesser mitten unter den großen Zeh. Bringt ihn dazu, vorwärtszuhüpfen, indem ihr den Zeh zusammenkneift. Wenn ihr es drei- bis fünfmal versucht habt, kommen der Reihe nach alle Zehen dran. Achtet darauf, dass die Fußsohle mitsamt den anderen vier Zehen immer den Boden berührt. Dann macht ihr mit dem anderen Fuß weiter. Wie reagiert euer Körper auf die Übung?

Zehentanz
Setzt euch auf den Boden oder auf einen Stuhl, legt den rechten Fuß auf den linken Oberschenkel oder nehmt eine andere Haltung ein, in der ihr eure Zehen bequem erreichen könnt. Passt eure Position ganz eurem Körperbau an oder bittet jemanden aus eurer Familie, euch zu massieren. Biegt die Zehen zunächst einzeln in alle Richtungen, dann nehmt euch immer zwei von ihnen vor und bewegt sie im Gegenrhythmus vor und zurück. Legt einen Finger zwischen jeden Zeh. Legt eure Hände von allen Seiten um die Zehen. Reibt die Zehen an Vorderseite und Rückseite gut ab und lasst sie gegeneinander rollen.

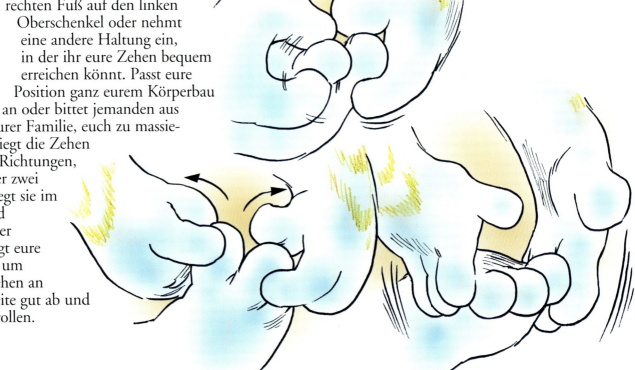

DIE ENTSPANNUNG

Am Abend machen wir es uns am liebsten auf dem Sofa gemütlich, während ihr anscheinend immer noch nicht zur Ruhe kommt. Deshalb möchten wir euch am Höhepunkt des Katzenlebens teilhaben lassen, nämlich am wunderbaren Geheimnis unserer Tiefenentspannung.

Schafft eine angenehme Atmosphäre im Raum mit gedämpftem Licht und sanfter Musik. Sorgt dafür, dass ihr ungestört bleibt – ihr dürft nicht aus der Entspannung herausgerissen werden. Legt euch auf eine harte Oberfläche, damit ihr spürt, wie und wo ihr den Boden berührt. Wenn ihr es bequemer haben wollt, richtet euch eine „Entspannungsliege" ein, indem ihr ein Kissen unter die leicht angewinkelten Knie legt, je ein flaches Kissen unter die Unterarme und ein weiteres, ebenfalls nicht allzu dickes, unter den Kopf. Was ihr unbedingt braucht, ist eine Decke, denn der Körper kühlt ab, während er sich entspannt.

- Kopfkissen
- Decke
- Kissen für die Arme
- Kissen für die Knie

Die vollständige Entspannung erreicht man in kleinen Schritten, indem man sich nacheinander auf die einzelnen Körperteile konzentriert. Wenn euch das zu schwierig ist, stellt euch einfach vor, dass ihr jeden Bereich, den ihr entspannen wollt, berührt.

Es gibt drei Stufen der Entspannung: leicht, mittel und tief.

Während der Phasen tiefer Entspannung befinden wir uns in einem Zustand zwischen Wachen und Schlafen: Der Körper scheint sich im Tiefschlaf zu befinden, während unser Bewusstsein hellwach ist. In diesem besonderen Zustand sind wir besonders empfänglich für positive Suggestionen. Das könnt ihr ausnutzen, indem ihr euch mit der inneren Stimme wohltuende Sätze vorsagt: Ich spüre Wellen des Wohlbefindens, der Harmonie, der Kraft, etc. Die positiven Botschaften wirken am besten, wenn sie kurz und prägnant formuliert sind.

Willkommen auf der Reise in eure Innenwelt!

ENTSPANNUNG ZWISCHEN HIMMEL UND ERDE

Die Schwerkraft spüren
Behaltet während der gesamten Übung eine ruhige, gleichmäßige Atmung bei und versucht, bewegungslos zu verharren.
Richtet eure Aufmerksamkeit auf das rechte Bein, vom Fuß bis zum Knie.

Konzentriert euch dabei auf die Berührungspunkte zum Boden.

Spürt, wie das rechte Bein sich entspannt, immer schwerer wird und sich der Schwerkraft überlässt.

Jetzt richtet sich euer innerer Blick auf den oberen Teil des Beins. Die Muskulatur in Hüfte, Gesäß und Oberschenkel entspannt sich und ruht schwer auf dem Boden.

Spürt das ganze Gewicht des rechten Beins, vom Fuß bis zum Gesäß, und kostet das Gefühl der Entspannung, das sich nach und nach einstellt, ganz aus...

Auf gleiche Weise entspannt ihr das linke Bein, vom Fuß bis zum Knie; danach den Oberschenkel, die Hüfte und das Gesäß.

Nehmt das entspannte linke Bein in euer Bewusstsein auf.
Genießt das Gefühl, wie der untere Teil eurer Gliedmaßen ruht und sich der Anziehungskraft der Erde ergibt.
Auf die gleiche Art entspannt ihr den gesamten rechten Arm, von der Schulter bis zur Hand.
Dann den linken Arm.
Spürt den beiden Armen nach: dem Gefühl der Schwere, das sich in ihnen ausbreitet, und wie sie auf dem Boden ruhen...

Lenkt euer Bewusstsein auf den Rücken, auf die Entspannung der Wirbelsäule, des Kopfes, des gesamten Rückens...

Jetzt ruht der ganze Körper ganz entspannt auf dem Teppich. Nehmt euren reglosen Körper wahr, der nur vom Atem belebt wird.
Wohlbefinden, Ruhe und Gelassenheit...

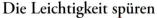

Die Leichtigkeit spüren
Richtet eure Aufmerksamkeit wieder auf das gesamte rechte Bein; spürt, wie es immer leichter wird, als ob es auf der Oberfläche des Teppichs treiben würde.

Macht es genauso mit dem linken Bein. Beide Beine ruhen in vollkommener Entspannung, von ihrem Gewicht befreit. Jetzt entspannt ihr den rechten Arm; er wird leicht wie eine Feder. Dann den linken Arm.

Spürt, wie geschmeidig euer Körper jetzt ist, wie leicht und beschwingt.

Wenn ihr euch in diesem Zustand befindet, stellt euch vor, auf einer weichen Blumenwiese ausgestreckt zu sein, oder auf einem warmen Sandstrand. Euer Rücken und eure Gliedmaßen ruhen auf dem Boden, als gehörten sie nicht mehr euch. Spürt die Berührung mit der reinen, puren Luft und mit der Unendlichkeit des Himmels über euch. Voll Wohlbefinden liegt ihr zwischen Himmel und Erde, in Harmonie mit dem Universum...

Sprecht im Geiste noch einmal eure positiven Botschaften.

Um wieder in den Zustand der Wachheit zurückzukehren, lenkt ihr eure Aufmerksamkeit in den Bauch. Noch bleibt ihr unbeweglich, aber ihr holt Luft mit kräftigen Atemzügen. Dann bewegt ihr nach und nach die Finger und die Zehen. Streckt euch in alle Richtungen. Schneidet Grimassen. Rollt auf die Seite, um euch mühelos aufzusetzen.

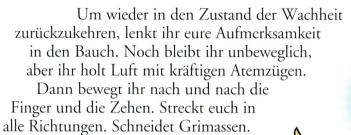

Öffnet die Augen.

Jetzt seid ihr wach und genauso entspannt wie eine Katze!

„Ich bin noch niemals so weit gereist wie in das Innere meiner selbst."
Basmati, Pariser Straßenkater

DER ERQUICKENDE SCHLAF

Im Schlafen sind wir unbestrittene Meister: Pro Tag bringen wir es auf 16 Stunden!
Außerdem sind wir mit drei Stunden täglicher Traumphasen die glücklichen Gewinner des „Goldenen Traumpokals" - ihr dagegen träumt insgesamt nur eine halbe Stunde lang.
Vertraut also unserem Reiseführer in die Welt des Schlafs!

Der Schlaf besteht aus mehreren Zyklen von jeweils 90 Minuten, die sich ihrerseits in drei Phasen unterteilen lassen:
- Das Leichtschlafstadium: der Übergang zwischen Wachen und Schlafen
- Das Tiefschlafstadium: Es beginnt ungefähr eine halbe Stunde nach dem Einschlafen. Die Gehirnwellen werden langsamer, und die Regenerierung kommt in Gang: Hormone sorgen dafür, dass abgestorbene Zellen abtransportiert und neue Zellen gebildet werden.
- Das Traumstadium: In dieser Phase werden die Eindrücke und Empfindungen des Tages verarbeitet. Es beginnt etwa 90 Minuten nach dem Einschlafen. Der Körper ruht, aber das Gehirn und die Augen sind aktiv wie im Wachzustand. Am Ende des Traumschlafs folgt eine wache Phase von nur wenigen Sekunden: Der ideale Zeitpunkt, um ganz wach zu werden.

Hingegen ist es nicht einfach, aus dem Tiefschlaf geweckt zu werden. Wenn man eine Siesta einlegt, sollte sie also nicht zu lang sein, damit man mit Wohlbehagen erwacht. Haltet euch an euren eigenen biologischen Rhythmus, der sich im Lauf des Lebens immer wieder verändert.

TIPPS FÜR GUTEN SCHLAF

Vor dem Schlafengehen

Folgen wir der alten Katzenweisheit: „Wenn du eine gute Nacht verbringen willst, so verbringe zuvor einen guten Tag!"

Verschafft euch körperliche Bewegung, um einen guten Schlaf zu bekommen, am späten Nachmittag oder am frühen Abend, am besten an der frischen Luft: Eine halbe Stunde flottes Gehen, eine kleine Gymnastik- oder Yogastunde am offenen Fenster. Lasst zwischen dem Abendessen und dem Zubettgehen mindestens zwei Stunden vergehen. Sorgt für eine friedliche Atmosphäre im Zimmer, mit einer Zimmertemperatur von etwa 18-20° C und nicht zu trockener Luft.

Im Schlafzimmer sollte weder ein Fernseher noch ein Computer untergebracht sein, sie geben noch bis zu drei Stunden lang Strahlung ab, nachdem sie ausgeschaltet sind (ausgenommen Flachmonitore). Verwendet keine zu schweren Decken und keine zu weichen Matratzen.

Warme Füße und Hände fördern das Einschlafen. Wenn ihr kalte Füße habt, nehmt ein heißes Fußbad, bevor ihr zu Bett geht.

Körperpunkte, die das Einschlafen fördern

Zieht an den Haaren zwischen Nacken und Hinterkopf, und massiert den Bereich gut.

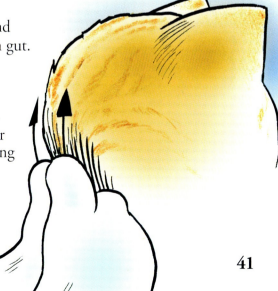

Drückt kräftig gegen die Einbuchtung oberhalb des ersten Halswirbels. Dann setzt ihr die Massage in Aufwärtsrichtung fort.

TIPPS ZUM WIEDEREINSCHLAFEN

Körperpunkte gegen Schlaflosigkeit
Auf der Handfläche: In der Mitte des Venusbergs, der Erhebung unterhalb des Daumens.
Drückt diesen Punkt im Verlauf von zwei Minuten mehrere Male für jeweils fünf Sekunden.

„Die Pforten des Geistes": An der Beuge des Handgelenks, an der Außenseite zum kleinen Finger hin gelegen, in der Einbuchtung neben dem äußeren Handgelenksknochen. Massiert den Punkt zuerst am linken Handgelenk, dann am rechten (gegen Schlafstörungen, Angst, Katzenjammer und Lampenfieber).

„Der Schlummerpunkt": Hinter dem Ohr, hinter dem Knochen, in einer Höhlung, die ziemlich berührungsempfindlich ist, etwa in Höhe des Ohrläppchens. Drückt diesen Punkt in kreisförmigen Bewegungen gegen den Uhrzeigersinn, erst auf der einen, dann auf der anderen Seite.

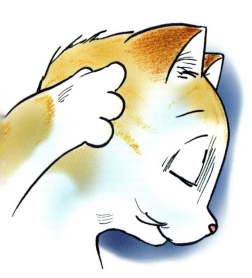

Atmen
Konzentriert euch auf den Kreislauf der folgenden Atemübung: Eure Aufmerksamkeit ist auf die Füße gerichtet. Beim Einatmen wandert ihr in Gedanken von den Füßen bis zum Scheitel; dann atmet ihr aus und wandert zurück vom Kopf in die Füße.

Gebt dem Magen zu tun
Esst einen Apfel oder ein Joghurt, trinkt eine Tasse Kräutertee oder weißen Kaffee: ein Kaffeelöffel voll Orangenblütenwasser auf ein Glas warmen oder kalten Wassers.

Ahmt die tiefen Atemzüge eines schlafenden Menschen nach.

Lasst euch treiben und stellt euch vor, bereits zu schlafen.

Der Traumpalast
Dies ist eine schöpferische Vision, ein Wachtraum. Die Farbe Weiß wirkt beruhigend und entspannend.
Stellt euch mit geschlossenen Augen Gegenstände von weißer Farbe vor - Papierblätter, eine weiße Bettdecke, einen Wattebausch, eine weiße Wand, eine weiße Blume, eine weiße Taube... Man muss eine Farbe nicht unbedingt mit den Augen wahrnehmen, um ihre Wirkungen zu spüren. Geht dann über zu einem puren Weiß, strahlend hell wie ein Hügel voller Schnee, dessen Kristalle in der Sonne glitzern, wie eine Wolke, von Sonnenlicht beschienen, oder eine weiße Sanddüne, übersät von feinem Glimmer. Stellt euch vor, wie dieses pure weiße Licht euch einhüllt und sich im ganzen Raum ausbreitet.

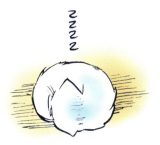

Hört die Katze schnurren
Wissenschaftler haben herausgefunden, dass unser Schnurren therapeutisch wirksam ist. Seine aufbauende Wirkung beschleunigt die Wundheilung und setzt die Produktion des Schlafhormons Serotonin in Gang.

Wenn ihr immer noch nicht schlafen könnt, dann genießt es, miteinander schlaflos zu sein...

Und nun träumt schön... ihr lieben Schlummerkätzchen!

Als kleines Extra hier das geheime Rezept für unser Wohlfühl-Elixier:

Man nehme...
...eine Portion Optimismus,
eine Portion Loslassen,
eine Messerspitze Einfühlungsvermögen,
eine Prise Humor,
und zuguterletzt eine reichliche Dosis Liebe.

Liebt alles Lebendige um euch herum.
Liebt das, was ihr seid,
liebt eure Stärken wie eure Schwächen.

Und vor allem, vergesst das Lachen nicht!

„*Das Glück erreicht den, der zu lächeln versteht.*"
M-ja-u-panisches Sprichwort

Von Claire & Christian Gaudin
MASSAGEN FÜR KATZEN

48 Seiten, ISBN 978-3-926388-90-0, Euro 12,95

Demnächst in dieser Reihe *"Das kleine Katzen-Kamasutra"*

Erste deutsche Ausgabe 2008
© Reichel Verlag
Reifenberg 85
D - 91365 Weilersbach
Tel. 09194 - 8900 - Fax - 4262
E-Mail: info@reichel-verlag.de
www.reichel-verlag.de

Text: Claire Gaudin
Illustrationen und graphisches Design: Christian Gaudin
Übersetzung: Elmar Tannert
Titel der französischen Originalausgabe: Guide du Bien-être pour Chats et pour leurs maîtres
© Les éditions du Relié & les auteurs 2007
ISBN: 978-3-926388-94-0